Autumn of Illusions And Other Bilingual French-English Short Stories

Pomme Bilingual

Published by Pomme Bilingual, 2024.

AUTUMN OF ILLUSIONS AND OTHER BILINGUAL FRENCH-ENGLISH SHORT STORIES

First edition. August 15, 2024.

Written by Pomme Bilingual.

Table of Contents

L'Éclat Perdu des Rêves de Juillet

Dans les dernières heures d'un après-midi de juillet, le crépuscule s'étendait sur la grande maison en pierre blanche de la famille d'Aubigné. Les volets clos faisaient barrage à la lumière dorée du soleil, ne laissant qu'une pâle lueur se faufiler à travers les interstices des rideaux en soie. Les jardins, autrefois florissants, semblaient maintenant baignés d'une tristesse languissante, où les rosiers se fanaient lentement sous la chaleur accablante.

Jean-Baptiste d'Aubigné se tenait seul sur la grande terrasse, une coupe de champagne à la main, regardant au loin, là où les collines se confondaient avec le ciel embrasé. Il portait un costume léger, taillé sur mesure, mais même cela ne pouvait apaiser la sensation de suffocation qui l'oppressait. Il souriait, mais son sourire ne trahissait qu'une mélancolie invisible, un écho de rêves déçus.

Marie, sa sœur cadette, le rejoignit, ses pieds nus effleurant les dalles froides. Elle s'était drapée dans une robe légère en mousseline, presque transparente, qui flottait autour d'elle comme un nuage d'été. Ses longs cheveux châtain, éparpillés par le vent, faisaient ressortir la pâleur de son visage, accentuée par un air de fatigue que même les plus belles journées d'été ne pouvaient dissiper.

« Jean, pourquoi n'es-tu pas venu au bal hier soir ? » demanda-t-elle, sa voix douce comme une caresse.

Il haussa légèrement les épaules, sans quitter l'horizon des yeux.

« Ces fêtes, ces rires... Ils ne sont plus que des fantômes du passé, Marie. Une mascarade pour masquer l'inévitable, » répondit-il d'un ton distant.

Marie plissa les yeux, déconcertée.

« Tu parles comme si tout était déjà fini, mais notre vie est encore pleine de promesses. Tu as encore le monde à tes pieds, et pourtant tu sembles résigné, comme si tu avais tout perdu. »

Jean-Baptiste tourna enfin la tête vers elle, un regard trouble posé sur son visage inquiet.

« Peut-être que j'ai trop voulu, Marie. Trop espéré. Et maintenant, tout ce que je désirais s'est évaporé, comme ces brumes du matin qui disparaissent dès que le soleil se lève. »

Elle s'approcha de lui, posant une main tendre sur son bras.

« Tu n'as pas perdu tes rêves, Jean. Ils sont simplement en train de changer. »

Jean-Baptiste ferma les yeux un instant, sentant le poids des années s'écraser sur lui.

« Le changement, c'est ce qui me terrifie, » murmura-t-il.

Marie resta silencieuse, observant les premières étoiles apparaître dans le ciel sombre. La maison derrière eux, autrefois remplie de rires et de musique, semblait maintenant n'être qu'une coquille vide, une relique d'un temps révolu.

La nuit s'installa doucement, enveloppant tout dans un manteau de fraîcheur bienvenue. Pourtant, une lourdeur persistait, une ombre sur le cœur de Jean-Baptiste qui ne voulait pas se dissiper. Il se détourna du paysage, regardant la maison, cet endroit qu'il avait tant aimé mais qui semblait maintenant être un prisonnier des souvenirs.

« Peut-être que je devrais partir, » dit-il brusquement, brisant le silence.

Marie le fixa, ses yeux s'élargissant de surprise.

« Partir ? Où irais-tu ? Tout ce que nous avons est ici, Jean. »

Il esquissa un faible sourire.

« Justement. Ici, tout est révolu, tout appartient au passé. Peut-être que quelque part ailleurs, je trouverai un nouveau rêve à poursuivre, une nouvelle vie à construire. »

Marie semblait chercher les mots justes, mais ils lui échappèrent. Au fond d'elle, elle savait que son frère ne parlait pas seulement d'un changement de lieu. Il parlait d'une quête plus profonde, d'un désir de réinvention, de la nécessité d'échapper à un avenir déjà trop prévisible.

« Si tu pars, » murmura-t-elle, « promets-moi de ne jamais oublier qui tu es, d'où tu viens. Promets-moi que tu ne te perdras pas en cherchant autre chose. »

Il la regarda longuement, puis acquiesça doucement.

« Je te le promets, Marie. Mais parfois, pour se retrouver, il faut d'abord se perdre. »

Les jours qui suivirent, Jean-Baptiste d'Aubigné s'éloigna progressivement de ce qui avait été sa vie. Il quitta la grande maison, laissant derrière lui tout ce qui avait jadis symbolisé son existence : les soirées fastueuses, les rencontres éphémères, les rêves d'une grandeur éclipsée.

Il erra à travers les villes et les campagnes, cherchant ce quelque chose d'indéfinissable qui pourrait combler le vide en lui. Chaque lieu qu'il traversait était comme une nouvelle page blanche, mais aucune d'elles ne parvenait à capter son imagination. Les souvenirs de ce qu'il avait laissé derrière lui le poursuivaient, l'ombre de ce qu'il avait été se reflétant dans chaque fenêtre, chaque miroir qu'il croisait.

Un soir, alors qu'il marchait le long d'une plage déserte, le bruit des vagues se mêlant à ses pensées tumultueuses, il réalisa que la paix qu'il cherchait ne se trouvait peut-être pas dans un lieu précis, mais dans l'acceptation de ce qu'il était devenu.

Le passé était un poids qu'il devait laisser aller, mais ce n'était pas quelque chose qu'il pouvait fuir. C'était une partie de lui, une partie de sa quête, qui, à sa manière, l'avait façonné. Il s'assit sur le sable froid, regardant la lune se lever au-dessus de l'océan, et pour la première fois depuis des années, il ressentit une certaine tranquillité.

Jean-Baptiste d'Aubigné comprit alors que les rêves changent, évoluent, parfois même s'effondrent, mais c'est dans ce changement que se trouve l'essence même de la vie. Il n'était plus le jeune homme flamboyant de jadis, mais un homme en quête de lui-même, un homme qui avait appris que le véritable éclat des rêves réside dans leur impermanence.

The Lost Brilliance of July Dreams

In the last hours of a July afternoon, dusk spread over the grand white-stone house of the d'Aubigné family. The closed shutters blocked the golden light of the sun, letting only a faint glow slip through the gaps in the silk curtains. The gardens, once flourishing, now seemed bathed in a languid sadness, where the roses slowly wilted under the oppressive heat.

Jean-Baptiste d'Aubigné stood alone on the large terrace, a glass of champagne in hand, gazing into the distance, where the hills blended with the blazing sky. He wore a light, tailored suit, but even that couldn't ease the sense of suffocation that oppressed him. He smiled, but his smile betrayed only an invisible melancholy, an echo of disappointed dreams.

Marie, his younger sister, joined him, her bare feet brushing against the cool tiles. She was draped in a light muslin dress, almost transparent, which floated around her like a summer cloud. Her long chestnut hair, tousled by the wind, highlighted the pallor of her face, accentuated by a fatigue that even the most beautiful summer days could not dissipate.

"Jean, why didn't you come to the ball last night?" she asked, her voice soft as a caress.

He shrugged slightly, without taking his eyes off the horizon.

"These parties, these laughs... They're nothing more than ghosts of the past, Marie. A masquerade to hide the inevitable," he replied distantly.

Marie narrowed her eyes, puzzled.

"You speak as if everything is already over, but our lives are still full of promise. You still have the world at your feet, yet you seem resigned, as if you've lost everything."

Jean-Baptiste finally turned his head toward her, his troubled gaze fixed on her worried face.

"Maybe I wanted too much, Marie. Hoped too much. And now, everything I desired has evaporated, like the morning mist that disappears as soon as the sun rises."

She moved closer to him, placing a tender hand on his arm.

"You haven't lost your dreams, Jean. They're just changing."

Jean-Baptiste closed his eyes for a moment, feeling the weight of the years crushing him.

"Change is what terrifies me," he murmured.

Marie remained silent, watching the first stars appear in the darkening sky. The house behind them, once filled with laughter and music, now seemed to be nothing more than an empty shell, a relic of a bygone era.

Night slowly settled in, enveloping everything in a welcome cloak of coolness. Yet a heaviness persisted, a shadow over Jean-Baptiste's heart that refused to dissipate. He turned away from the landscape, looking at the house, the place he had once loved but now seemed to be a prisoner of memories.

"Maybe I should leave," he said abruptly, breaking the silence.

Marie stared at him, her eyes widening in surprise.

"Leave? Where would you go? Everything we have is here, Jean."

He gave a faint smile.

"Exactly. Here, everything is over, everything belongs to the past. Maybe somewhere else, I'll find a new dream to pursue, a new life to build."

Marie seemed to search for the right words, but they eluded her. Deep down, she knew her brother wasn't just talking about a change of place. He was talking about a deeper quest, a desire for reinvention, the need to escape a future that was already too predictable.

"If you leave," she murmured, "promise me you'll never forget who you are, where you come from. Promise me you won't lose yourself in the search for something else."

He looked at her for a long time, then nodded softly.

"I promise, Marie. But sometimes, to find oneself, one must first get lost."

In the days that followed, Jean-Baptiste d'Aubigné gradually distanced himself from what had been his life. He left the grand house, leaving behind everything that had once symbolized his existence: the lavish parties, the fleeting encounters, the dreams of faded grandeur.

He wandered through cities and countryside, searching for that indefinable something that could fill the void within him. Each place he passed through was like a blank page, but none of them managed to capture his imagination. The memories of what he had left behind haunted him, the shadow of what he had been reflecting in every window, every mirror he passed.

One evening, as he walked along a deserted beach, the sound of the waves mingling with his tumultuous thoughts, he realized that the peace he sought might not be found in a specific place but in the acceptance of what he had become.

The past was a weight he had to let go of, but it wasn't something he could escape. It was a part of him, a part of his quest that, in its own way, had shaped him. He sat on the cold sand, watching the moon rise above the ocean, and for the first time in years, he felt a certain tranquility.

Jean-Baptiste d'Aubigné then understood that dreams change, evolve, sometimes even collapse, but it is in this change that the very essence of life is found. He was no longer the flamboyant young man he once was, but a man in search of himself, a man who had learned that the true brilliance of dreams lies in their impermanence.

L'Éphémère Éclat du Paradis Oublié

L'été de 1926, à Paris, était une symphonie étourdissante de chaleur et de lumière, une saison où le jour semblait se fondre dans la nuit sans que l'on puisse dire où l'un finissait et l'autre commençait. Les boulevards, bordés de cafés et de terrasses animées, bruissaient de conversations enjouées et de rires étouffés, tandis que des musiciens de rue jouaient des airs mélancoliques sous les arbres feuillus. C'était une époque dorée, un moment suspendu dans le temps où tout semblait possible, mais où chaque possibilité portait en elle l'ombre d'une fin imminente.

C'est dans ce décor que Julien Lemoine, un homme d'une trentaine d'années, vivait un été qu'il n'oublierait jamais. Né dans une famille modeste de Lyon, Julien avait gravi les échelons de la société parisienne avec une ambition brûlante et un charme naturel qui lui ouvrait toutes les portes. Son sourire, à la fois candide et mystérieux, était devenu sa signature, un sourire qui semblait promettre à chacun qu'il pouvait être la réponse à tous ses rêves inavoués. Il fréquentait les salons les plus exclusifs, les soirées les plus extravagantes, et son nom était murmuré avec admiration et jalousie parmi ceux qui ne le connaissaient que de réputation.

Cet été-là, la ville brillait de mille feux, mais une lumière en particulier attirait Julien comme un papillon de nuit vers une flamme : celle de Gabrielle Vilmorin, une jeune femme d'une beauté envoûtante qui semblait incarner à elle seule tout le mystère et la passion de Paris. Gabrielle n'était pas seulement belle ; elle était l'incarnation même de la liberté. Ses grands yeux verts scintillaient d'intelligence et de malice, et elle avait ce don rare de rendre chaque moment en sa compagnie inoubliable.

Ils s'étaient rencontrés pour la première fois lors d'une réception donnée dans un hôtel particulier du Faubourg Saint-Honoré. Julien se souvenait encore du parfum des roses blanches qui embaumait la salle, du cliquetis des verres de cristal et du murmure des conversations mondaines. Mais tout cela s'était évanoui lorsqu'il avait posé les yeux sur Gabrielle. Elle portait une robe noire en soie, simple mais d'une élégance intemporelle, et lorsqu'elle avait croisé son regard, un sourire s'était dessiné sur ses lèvres, un sourire qui lui avait donné l'impression que tout le monde autour d'eux avait disparu.

Ils avaient parlé longuement ce soir-là, sur une terrasse surplombant la Seine, leur conversation ponctuée par les éclats de rire de Gabrielle et les anecdotes charmantes de Julien. Ils avaient parlé de tout et de rien, de voyages imaginaires, de rêves d'enfance, et de ces choses que l'on n'ose avouer qu'à un étranger dans la nuit. Lorsque l'aube avait fini par chasser les étoiles du ciel, ils s'étaient séparés à contrecœur, avec cette promesse implicite qu'ils se retrouveraient bientôt.

Et ils s'étaient retrouvés, encore et encore, dans les jours qui suivirent, au point où Julien avait commencé à vivre pour ces moments volés, ces instants où le monde semblait se réduire à la simple présence de Gabrielle à ses côtés. Ils déambulaient ensemble dans les rues de Montmartre, se perdant dans les ruelles pavées, découvrant des jardins secrets et des vues imprenables sur la ville. Ils s'arrêtaient dans de petits bistrots, partageant une bouteille de vin rouge, leurs doigts se frôlant sur la table, tandis qu'ils refaisaient le monde avec l'insouciance de ceux qui se croient immortels.

Mais sous cette façade de bonheur insouciant, une tension grandissait en Julien. Gabrielle était une énigme qu'il ne parvenait pas à résoudre, un mystère qu'il se sentait incapable de percer. Elle semblait toujours être là, à portée de main, mais dès qu'il pensait la saisir, elle lui échappait. Elle parlait peu de son passé, esquivait les questions sur ses projets d'avenir, et chaque fois qu'il tentait de la pousser à se confier, elle changeait habilement de sujet, le laissant avec un sentiment d'inachevé.

Un soir, alors qu'ils se trouvaient au sommet de la butte Montmartre, regardant la ville s'étendre à leurs pieds, Julien ne put contenir plus longtemps la question qui le rongeait.

« Gabrielle, » commença-t-il doucement, « que veux-tu vraiment ? Que cherches-tu dans tout ça ? »

Elle tourna lentement la tête vers lui, ses yeux brillants d'une lueur indéfinissable.

« Je cherche ce que tout le monde cherche, Julien, » répondit-elle après un moment de silence. « Je cherche un moment de pure beauté, un instant où tout semble en parfaite harmonie, où rien d'autre n'existe que cet instant précis. »

Julien fronça les sourcils, cherchant à comprendre.

« Et après ? Que feras-tu quand tu l'auras trouvé ? »

Elle haussa légèrement les épaules, son sourire devenant plus mélancolique.

« Je ne sais pas. Peut-être que je continuerai à chercher. Peut-être que je me laisserai simplement emporter par le courant. La vie est trop courte pour s'attacher à une seule chose, tu ne crois pas ? »

Ces mots laissèrent Julien perplexe, mais il n'insista pas. Il comprit alors que Gabrielle était un esprit libre, une âme qui ne pouvait être enfermée dans une seule cage, quelle qu'elle soit. Et pourtant, il sentait une douleur sourde grandir en lui, une peur irrationnelle de la perdre avant même de l'avoir vraiment connue.

Les semaines passèrent, et malgré leurs moments magiques ensemble, cette peur ne fit que croître. Julien devenait de plus en plus conscient du caractère éphémère de leur relation. Gabrielle continuait de le fasciner, mais il ressentait de plus en plus son incapacité à la retenir, à la garder pour lui seul. Elle était comme le vent, insaisissable, et il savait qu'un jour, elle finirait par disparaître de sa vie aussi soudainement qu'elle y était entrée.

Un soir d'août, alors qu'une pluie fine tombait sur Paris, Julien décida de la confronter une dernière fois. Ils s'étaient réfugiés dans un petit café, au coin d'une rue étroite du Marais. La pluie crépitait contre les vitres, formant des rivières brillantes qui coulaient le long du verre. L'intérieur du café était chaleureux, éclairé par des bougies et une lumière tamisée, et une musique douce flottait dans l'air, rendant l'atmosphère presque irréelle.

Julien observait Gabrielle, assise en face de lui, son visage éclairé par la lueur vacillante des bougies. Elle semblait sereine, perdue dans ses pensées, si proche et pourtant si distante. Il prit une profonde inspiration et se lança.

« Gabrielle, je ne peux plus continuer comme ça. Je dois savoir où nous en sommes, où nous allons. »

Elle leva les yeux vers lui, surprise par le ton de sa voix.

« Que veux-tu dire, Julien? Nous passons du temps ensemble, nous profitons de la vie. N'est-ce pas suffisant? »

Il secoua la tête, son cœur battant plus fort.

« Non, ce n'est pas suffisant. Pas pour moi. J'ai besoin de savoir si tu ressens la même chose que moi, si tu veux quelque chose de plus... concret. »

Gabrielle resta silencieuse un moment, ses yeux se détournant des siens pour se poser sur la pluie qui tombait dehors. Lorsqu'elle parla enfin, sa voix était douce, mais empreinte d'une tristesse qui serra le cœur de Julien.

« Julien, tu es un homme merveilleux. J'ai passé des moments inoubliables avec toi cet été, mais je ne peux pas te donner ce que tu veux. Je ne peux pas être à toi, pas de la manière dont tu l'espères. Je suis une femme de passage, une femme qui appartient au monde, à personne en particulier. »

Julien sentit une douleur aiguë traverser sa poitrine, une douleur qu'il n'avait jamais ressentie auparavant.

« Pourquoi, Gabrielle ? Pourquoi ne pouvons-nous pas essayer, au moins ? »

Elle lui sourit tristement, tendant la main pour effleurer la sienne.

« Parce que je ne veux pas te faire de mal, Julien. Parce que je sais que je finirais par te blesser, par t'abandonner, comme je l'ai toujours fait. Je suis une rêveuse, une âme errante, et tu es un homme qui a besoin de racines, d'un amour stable. Je ne peux pas être cette personne pour toi. »

Julien baissa la tête, essayant de contenir les larmes qui menaçaient de couler. Tout ce qu'il avait redouté se réalisait. Gabrielle était une illusion, un rêve éphémère qui ne pouvait être transformé en réalité.

« Je t'aime, » murmura-t-il finalement, levant les yeux pour rencontrer les siens. « Même si tu me dis que c'est impossible, je t'aime, Gabrielle. »

Elle ferma les yeux un instant, comme pour retenir ses propres émotions, avant de se pencher pour déposer un baiser léger sur ses lèvres.

« Je sais, » dit-elle doucement. « Je t'aime aussi, Julien, à ma manière. Mais notre amour ne peut pas exister dans le monde réel. Il appartient à l'été, à ce moment fugace que nous avons partagé. »

Ils restèrent assis en silence un moment, laissant la réalité de la situation s'installer entre eux. Finalement, Gabrielle se leva, ramassa son manteau et se dirigea vers la porte. Julien la regarda partir, incapable de bouger, sachant qu'il ne la reverrait probablement jamais.

Lorsque la porte du café se referma derrière elle, il se sentit soudainement vidé, comme si toute la lumière de cet été s'était éteinte en un instant. Il sortit du café, se retrouvant seul sous la pluie, errant dans les rues de Paris sans but. Les lumières des réverbères se reflétaient dans les flaques d'eau, mais tout ce qui avait semblé si vibrant et vivant quelques heures plus tôt lui paraissait maintenant terne et sans vie.

Les jours qui suivirent furent un tourbillon de mélancolie pour Julien. Il évitait les endroits qu'ils avaient fréquentés ensemble, essayant de noyer son chagrin dans le travail, mais chaque rue, chaque coin de la ville lui rappelait Gabrielle. Il passait des heures à marcher seul, revivant en boucle les moments passés avec elle, cherchant désespérément à comprendre ce qui avait mal tourné.

Un soir, alors qu'il déambulait le long de la Seine, il s'arrêta devant un banc où ils s'étaient assis des semaines plus tôt. L'endroit était désert, la ville calme, presque endormie. Julien s'assit, le regard perdu dans les eaux sombres du fleuve, et pour la première fois depuis la nuit où Gabrielle était partie, il laissa ses larmes couler librement.

Il pleura pour tout ce qu'il avait perdu, pour ce rêve d'amour qui s'était envolé avant même de pouvoir devenir réalité. Mais plus encore, il pleura pour lui-même, pour l'homme qu'il était devenu cet été-là, un homme qui avait cru que l'amour pouvait tout conquérir, même une âme aussi insaisissable que celle de Gabrielle.

Lorsque les larmes cessèrent enfin, Julien se sentit étrangement apaisé. La douleur était toujours là, bien sûr, mais elle avait changé de forme, devenant une partie de lui, un souvenir qu'il savait qu'il garderait pour le reste de sa vie. Il comprit alors que ce qu'il avait vécu cet été, bien que douloureux, avait aussi été un cadeau. Gabrielle l'avait fait rêver, l'avait poussé à ressentir des émotions qu'il n'avait jamais connues, et pour cela, il lui en serait toujours reconnaissant.

Julien se releva, le cœur plus léger, et commença à marcher lentement vers chez lui. Il savait que Gabrielle resterait à jamais une partie de lui, un souvenir lumineux au milieu des ombres de sa vie. Et même s'il ne la reverrait probablement jamais, il était prêt à tourner la page, à continuer son chemin, avec la certitude que, quelque part dans le monde, Gabrielle continuait elle aussi à chercher son moment de pure beauté.

Et peut-être, un jour, leurs chemins se croiseraient à nouveau, dans une autre ville, une autre vie. Mais pour l'instant, Julien se contenta de lever les yeux vers le ciel étoilé de Paris, un sourire triste mais apaisé sur les lèvres, et se laissa porter par la nuit, prêt à affronter ce que l'avenir lui réservait.

The Fleeting Brilliance of the Forgotten Paradise

The summer of 1926 in Paris was a dazzling symphony of heat and light, a season where day seemed to merge into night without a clear boundary between the two. The boulevards, lined with bustling cafés and terraces, buzzed with lively conversations and muffled laughter, while street musicians played melancholic tunes under leafy trees. It was a golden era, a moment suspended in time where anything seemed possible, but every possibility carried the shadow of an imminent end.

It was in this setting that Julien Lemoine, a man in his thirties, lived a summer he would never forget. Born into a modest family in Lyon, Julien had climbed the social ladder of Parisian society with a burning ambition and a natural charm that opened all doors for him. His smile, both innocent and mysterious, had become his signature, a smile that seemed to promise everyone he met that he could be the answer to their unspoken dreams. He frequented the most exclusive salons, the most extravagant parties, and his name was whispered with admiration and jealousy among those who knew him only by reputation.

That summer, the city shone brightly, but one light in particular drew Julien like a moth to a flame: that of Gabrielle Vilmorin, a young woman of captivating beauty who seemed to embody all the mystery and passion of Paris. Gabrielle wasn't just beautiful; she was the very incarnation of freedom. Her large green eyes sparkled with intelligence and mischief, and she had the rare gift of making every moment in her presence unforgettable.

They met for the first time at a reception in a private mansion on Faubourg Saint-Honoré. Julien still remembered the scent of white roses that filled the room, the clinking of crystal glasses, and the murmur of polite conversations. But all of that had faded away when he laid eyes on Gabrielle. She wore a simple yet timelessly elegant black silk dress, and when she met his gaze, a smile appeared on her lips, a smile that made him feel as if everyone around them had vanished.

They talked for a long time that night, on a terrace overlooking the Seine, their conversation punctuated by Gabrielle's laughter and Julien's charming anecdotes. They spoke of everything and nothing, of imaginary travels, childhood dreams, and those things one only dares to confess to a stranger in the night. When dawn finally chased the stars from the sky, they parted reluctantly, with an unspoken promise to see each other again soon.

And see each other again they did, again and again in the days that followed, to the point where Julien began to live for those stolen moments, those instants when the world seemed to shrink to just Gabrielle's presence beside him. They strolled together through the streets of Montmartre, losing themselves in the cobbled alleys, discovering hidden gardens and breathtaking views of the city. They stopped at small bistros, sharing a bottle of red wine, their fingers brushing on the table as they reimagined the world with the carefree attitude of those who believe they are immortal.

But beneath this façade of carefree happiness, a tension grew within Julien. Gabrielle was an enigma he couldn't solve, a mystery he felt incapable of unraveling. She seemed always within reach, but just as he thought he could grasp her, she slipped away. She spoke little of her past, evaded questions about her future, and every time he tried to push her to open up, she skillfully changed the subject, leaving him with a sense of incompletion.

One evening, as they stood at the top of Montmartre hill, looking down at the city sprawled at their feet, Julien could no longer contain the question that had been gnawing at him.

"Gabrielle," he began softly, "what do you really want? What are you looking for in all of this?"

She slowly turned her head toward him, her eyes shining with an indefinable light.

"I'm looking for what everyone is looking for, Julien," she replied after a moment of silence. "I'm looking for a moment of pure beauty, a moment when everything seems in perfect harmony, where nothing else exists but that precise moment."

Julien frowned, trying to understand.

"And after? What will you do when you've found it?"

She shrugged slightly, her smile becoming more melancholic.

"I don't know. Maybe I'll keep looking. Maybe I'll just let myself be carried by the current. Life is too short to cling to one thing, don't you think?"

These words left Julien perplexed, but he didn't press further. He realized then that Gabrielle was a free spirit, a soul that couldn't be confined to any one cage, no matter how beautiful. And yet, he felt a dull pain growing inside him, an irrational fear of losing her before he had really known her.

The weeks passed, and despite their magical moments together, this fear only grew. Julien became increasingly aware of the fleeting nature of their relationship. Gabrielle continued to fascinate him, but he felt more and more his inability to hold on to her, to keep her for himself. She was like the wind, elusive, and he knew that one day she would disappear from his life as suddenly as she had entered it.

One August evening, as a light rain fell over Paris, Julien decided to confront her one last time. They had taken refuge in a small café on a narrow street in the Marais. The rain pattered against the windows, forming shining rivers that ran down the glass. The café's interior was warm, lit by candles and soft light, and gentle music floated in the air, creating an almost surreal atmosphere.

Julien watched Gabrielle, sitting across from him, her face illuminated by the flickering candlelight. She seemed serene, lost in her thoughts, so close yet so distant. He took a deep breath and spoke up.

"Gabrielle, I can't go on like this. I need to know where we stand, where we're going."

She looked up at him, surprised by the tone of his voice.

"What do you mean, Julien? We're spending time together, enjoying life. Isn't that enough?"

He shook his head, his heart pounding harder.

"No, it's not enough. Not for me. I need to know if you feel the same way I do, if you want something more... concrete."

Gabrielle remained silent for a moment, her eyes drifting away from his to the rain falling outside. When she finally spoke, her voice was soft but tinged with a sadness that pierced Julien's heart.

"Julien, you're a wonderful man. I've had unforgettable moments with you this summer, but I can't give you what you want. I can't be yours, not in the way you hope. I'm a woman of passage, a woman who belongs to the world, to no one in particular."

Julien felt a sharp pain pierce his chest, a pain he had never felt before.

"Why, Gabrielle? Why can't we at least try?"

She smiled sadly at him, reaching out to gently touch his hand.

"Because I don't want to hurt you, Julien. Because I know I would end up hurting you, abandoning you, as I always have. I'm a dreamer, a wandering soul, and you're a man who needs roots, a stable love. I can't be that person for you."

Julien lowered his head, trying to hold back the tears that threatened to fall. Everything he had feared was coming true. Gabrielle was an illusion, a fleeting dream that could not be made into reality.

"I love you," he finally murmured, looking up to meet her eyes. "Even if you tell me it's impossible, I love you, Gabrielle."

She closed her eyes for a moment, as if to hold back her own emotions, before leaning forward to place a gentle kiss on his lips.

"I know," she said softly. "I love you too, Julien, in my own way. But our love can't exist in the real world. It belongs to the summer, to this fleeting moment we've shared."

They sat in silence for a moment, letting the reality of the situation sink in between them. Finally, Gabrielle stood up, grabbed her coat, and walked toward the door. Julien watched her leave, unable to move, knowing that he would probably never see her again.

When the café door closed behind her, he suddenly felt empty, as if all the light of that summer had been extinguished in an instant. He stepped out of the café, finding himself alone in the rain, wandering the streets of Paris aimlessly. The streetlights reflected in the puddles, but everything that had seemed so vibrant and alive just hours earlier now appeared dull and lifeless.

The days that followed were a whirlwind of melancholy for Julien. He avoided the places they had frequented together, trying to drown his sorrow in work, but every street, every corner of the city reminded him of Gabrielle. He spent hours walking alone, replaying the moments they had shared over and over in his mind, desperately trying to understand what had gone wrong.

One evening, as he wandered along the Seine, he stopped in front of a bench where they had sat weeks earlier. The place was deserted, the city quiet, almost asleep. Julien sat down, his gaze lost in the dark waters of the river, and for the first time since the night Gabrielle had left, he let his tears flow freely.

He cried for everything he had lost, for the dream of love that had slipped away before it could become reality. But more than anything, he cried for himself, for the man he had become that summer, a man who had believed that love could conquer all, even a soul as elusive as Gabrielle's.

When the tears finally stopped, Julien felt strangely at peace. The pain was still there, of course, but it had changed shape, becoming a part of him, a memory he knew he would carry with him for the rest of his life. He realized then that what he had experienced that summer, though painful, had also been a gift. Gabrielle had made him dream, had pushed him to feel emotions he had never known before, and for that, he would always be grateful.

Julien stood up, his heart lighter, and began to walk slowly toward his home. He knew that Gabrielle would always be a part of him, a bright memory amid the shadows of his life. And even if he would probably never see her again, he was ready to turn the page, to continue his journey, with the certainty that somewhere in the world, Gabrielle was still searching for her moment of pure beauty.

And perhaps, one day, their paths would cross again, in another city, another life. But for now, Julien simply looked up at the starry Parisian sky, a sad but peaceful smile on his lips, and let the night carry him forward, ready to face whatever the future held.

23

Le Bal des Illusions

C'était une de ces nuits de septembre où l'air de la Côte d'Azur est doux, presque languide, et où la lumière des étoiles se confond avec celle des bougies dans les jardins des villas somptueuses. Les riches propriétaires de la Riviera célébraient la fin de l'été avec des fêtes extravagantes, des bals où le champagne coulait à flots, et où la musique jazz résonnait jusqu'à l'aube. C'était une époque où le luxe et la frivolité semblaient être la seule règle, où l'argent pouvait tout acheter, sauf peut-être le temps lui-même.

Dans l'une de ces soirées, à la Villa Mireille, perchée sur les hauteurs de Cannes, une foule élégante s'était rassemblée pour ce qui était promis comme le bal le plus spectaculaire de la saison. La villa, éclairée de mille feux, dominait la Méditerranée, offrant une vue à couper le souffle sur la mer scintillante. Des lanternes colorées pendaient dans les arbres, des serveurs en livrée se déplaçaient avec grâce parmi les invités, portant des plateaux d'argent chargés de mets délicats, tandis qu'un orchestre jouait une mélodie douce et envoûtante.

Au milieu de cette opulence, une jeune femme se tenait à l'écart, observant la scène avec un regard empreint de nostalgie. Élise de Montclare, une beauté parisienne d'une vingtaine d'années, était vêtue d'une robe en soie bleu nuit qui mettait en valeur ses yeux clairs et ses cheveux blonds. Elle était venue à la Côte d'Azur pour fuir les souvenirs douloureux d'un amour perdu à Paris, mais ce soir-là, elle se sentait plus seule que jamais, malgré la foule qui l'entourait.

Elle se tenait près de la balustrade en marbre, regardant les invités danser sur la terrasse en contrebas, leurs rires se mêlant aux vagues qui se brisaient doucement contre les rochers. Elle avait l'impression d'être une étrangère dans ce monde de faste et de frivolité, comme si elle observait une scène de théâtre depuis les coulisses, incapable de participer à la pièce.

Soudain, un homme s'approcha d'elle. Il était grand, avec des cheveux sombres légèrement ondulés, et portait un smoking impeccable. Ses yeux, d'un vert profond, étaient remplis d'une intelligence tranquille, mais aussi d'une certaine tristesse.

« Vous semblez bien pensive, mademoiselle, » dit-il d'une voix douce, mais ferme.

Élise se tourna vers lui, légèrement surprise qu'un inconnu ait remarqué son isolement.

« Peut-être un peu trop, » répondit-elle avec un sourire mélancolique. « Les fêtes ne sont pas toujours faites pour être joyeuses. »

L'homme inclina la tête, comme s'il comprenait parfaitement ce qu'elle ressentait.

« Je m'appelle Alexandre, » se présenta-t-il, tendant une main élégante.

« Élise, » répondit-elle en serrant doucement sa main.

Ils restèrent un moment en silence, chacun absorbé dans ses pensées, tandis que la musique continuait de résonner dans la nuit. Puis, Alexandre brisa le silence.

« Voulez-vous danser ? » demanda-t-il en lui tendant la main.

Élise hésita une seconde, mais quelque chose dans les yeux d'Alexandre, une sincérité rare dans ce milieu, la convainquit d'accepter. Ils descendirent ensemble les quelques marches qui menaient à la terrasse et se joignirent aux autres danseurs.

La musique devint plus douce, plus intime, tandis qu'ils se mirent à danser lentement sous les étoiles. Élise se laissa guider par Alexandre, oubliant pour un instant sa tristesse. Il dansait avec une grâce naturelle, une élégance qui semblait venir d'un autre temps. Elle se surprit à apprécier sa présence, à se sentir en sécurité dans ses bras, comme si rien d'autre n'avait d'importance.

Au fil des minutes, la terrasse sembla s'effacer, ne laissant qu'eux deux sous le ciel étoilé, dans une bulle de douceur et de sérénité. Pour la première fois depuis longtemps, Élise sentit son cœur s'apaiser.

Lorsqu'ils s'arrêtèrent, la musique avait changé, devenant plus rapide et plus entraînante. Alexandre la conduisit vers une table isolée, où deux verres de champagne les attendaient.

« Parlez-moi de vous, Élise, » demanda-t-il après avoir porté son verre à ses lèvres. « Que faites-vous ici, à la Côte d'Azur ? »

Élise baissa les yeux, jouant distraitement avec le pied de son verre.

« Je suis venue ici pour oublier, » avoua-t-elle finalement. « Paris est devenue trop douloureuse pour moi. »

Alexandre ne répondit pas immédiatement, mais elle sentit son regard posé sur elle, attentif, compréhensif.

« Et vous, Alexandre ? » demanda-t-elle pour changer de sujet. « Que faites-vous ici, parmi cette foule de mondains ? »

Il esquissa un sourire, mais elle devina une ombre derrière ce sourire.

« Je suis ici pour la même raison que vous, » répondit-il doucement. « Pour oublier. »

Intriguée, Élise le regarda plus attentivement. Il y avait quelque chose dans sa voix, une nuance de mélancolie qui résonnait avec la sienne.

« Que cherchez-vous à oublier ? » demanda-t-elle avec une pointe de curiosité.

Il sembla hésiter, comme s'il pesait les mots qu'il allait prononcer.

« Une vie passée, » finit-il par dire. « Un amour qui m'a laissé des cicatrices profondes. »

Élise hocha la tête, comprenant sans qu'il ait besoin d'en dire plus. Ils étaient deux âmes perdues, cherchant un répit dans la beauté éphémère de la Côte d'Azur, essayant de se retrouver dans ce tourbillon de luxe et de superficialité.

La conversation se poursuivit ainsi, en douceur, chacun révélant un peu plus de lui-même à mesure que la nuit avançait. Élise apprit qu'Alexandre était un écrivain, célèbre autrefois pour ses romans qui dépeignaient la haute société avec une précision cruelle mais poétique. Cependant, il avait cessé d'écrire après une tragédie personnelle, et depuis, il errait de ville en ville, cherchant à retrouver l'inspiration qui l'avait autrefois animé.

« La vie est faite de chapitres, » dit-il d'une voix pensive. « Mais parfois, on ne sait pas comment tourner la page. »

Élise acquiesça, ressentant la vérité de ses paroles. Elle aussi se sentait coincée dans un chapitre qu'elle n'arrivait pas à terminer, hantée par les souvenirs d'un amour passé qui refusait de s'effacer.

Alors qu'ils parlaient, la nuit avançait, et les invités du bal commençaient à se disperser, quittant peu à peu la villa pour retourner à leurs hôtels ou à leurs yachts. La terrasse se vida, et bientôt, il ne resta plus qu'eux deux, seuls dans la lueur vacillante des lanternes.

Alexandre se leva et tendit une dernière fois la main à Élise.

« Je vous raccompagne ? » demanda-t-il doucement.

Elle hésita, ne voulant pas que la soirée se termine, mais finit par accepter, posant sa main dans la sienne. Ils quittèrent la villa en silence, descendant les marches qui menaient à la plage. Le bruit des vagues était apaisant, et la lune éclairait leur chemin d'une lumière douce.

Arrivés sur le sable, ils s'arrêtèrent et regardèrent la mer en silence, chacun perdu dans ses pensées. Puis, sans un mot, Alexandre se tourna vers Élise et l'embrassa doucement. Ce baiser n'était pas passionné, mais plutôt empreint de tendresse, comme une promesse de quelque chose de plus, de quelque chose qui pourrait peut-être un jour guérir leurs blessures.

Lorsqu'ils se séparèrent, Élise le regarda dans les yeux, cherchant à comprendre ce qu'il ressentait. Mais Alexandre restait un mystère, un homme marqué par son passé, mais peut-être prêt à envisager un futur.

Ils continuèrent de marcher le long de la plage, la main dans la main, sans parler. Le silence entre eux n'était pas gênant, mais plutôt apaisant, comme si leurs âmes communiquaient sans avoir besoin de mots.

Lorsqu'ils atteignirent enfin l'hôtel d'Élise, elle se tourna vers Alexandre, hésitante.

« Que se passera-t-il maintenant ? » demanda-t-elle, redoutant sa réponse.

Il sourit tristement, caressant doucement sa joue.

« Maintenant, nous essayons de tourner la page, » dit-il doucement. « Ensemble, si vous le souhaitez. »

Élise sentit son cœur se serrer, mais aussi une lueur d'espoir naître en elle. Peut-être que, malgré leurs passés douloureux, il y avait encore une chance pour eux de trouver une forme de bonheur, même si ce n'était qu'un simple réconfort dans la compagnie de l'autre.

Elle acquiesça, un sourire timide sur les lèvres.

« Ensemble, » murmura-t-elle.

Ils échangèrent un dernier regard, puis Alexandre l'embrassa une fois de plus, un baiser plus long, plus prometteur. Élise sentit sa tristesse commencer à s'évanouir, remplacée par un sentiment de paix.

Ils se séparèrent enfin, et Élise le regarda s'éloigner, disparaître dans la nuit. Elle entra dans son hôtel, un sourire doux sur les lèvres, le cœur un peu plus léger.

Ce soir-là, elle s'endormit avec l'image d'Alexandre en tête, et pour la première fois depuis longtemps, elle se sentit prête à affronter le lendemain, à commencer un nouveau chapitre.

The Ball of Illusions

It was one of those September nights when the air of the French Riviera was soft, almost languid, and the starlight blended with the candles in the gardens of sumptuous villas. The wealthy owners of the Riviera celebrated the end of summer with extravagant parties, balls where champagne flowed freely, and jazz music echoed until dawn. It was a time when luxury and frivolity seemed to be the only rules, where money could buy anything, except perhaps time itself.

At one of these soirées, at Villa Mireille, perched on the heights of Cannes, an elegant crowd had gathered for what was promised to be the most spectacular ball of the season. The villa, illuminated by a thousand lights, overlooked the Mediterranean, offering a breathtaking view of the sparkling sea. Colorful lanterns hung in the trees, liveried waiters gracefully moved among the guests, carrying silver trays laden with delicate dishes, while an orchestra played a soft and enchanting melody.

Amidst this opulence, a young woman stood apart, observing the scene with a look filled with nostalgia. Élise de Montclare, a Parisian beauty in her twenties, was dressed in a midnight blue silk gown that highlighted her clear eyes and blonde hair. She had come to the Côte d'Azur to escape the painful memories of a lost love in Paris, but that night, she felt more alone than ever, despite the crowd around her.

She stood near the marble balustrade, watching the guests dance on the terrace below, their laughter mingling with the waves gently crashing against the rocks. She felt like a stranger in this world of splendor and frivolity, as if she were watching a theater scene from behind the curtains, unable to participate in the play.

Suddenly, a man approached her. He was tall, with slightly wavy dark hair, and wore an impeccable tuxedo. His eyes, a deep green, were filled with a quiet intelligence, but also with a certain sadness.

"You seem very pensive, miss," he said in a soft but firm voice.

Élise turned to him, slightly surprised that a stranger had noticed her isolation.

"Maybe too much," she replied with a melancholy smile. "Parties aren't always meant to be joyful."

The man nodded, as if he perfectly understood what she was feeling.

"My name is Alexandre," he introduced himself, extending an elegant hand.

"Élise," she replied, gently shaking his hand.

They stood in silence for a moment, each absorbed in their thoughts, while the music continued to echo through the night. Then, Alexandre broke the silence.

"Would you like to dance?" he asked, offering her his hand.

Élise hesitated for a second, but something in Alexandre's eyes, a rare sincerity in this environment, convinced her to accept. They descended the few steps leading to the terrace and joined the other dancers.

The music became softer, more intimate, as they began to dance slowly under the stars. Élise let herself be guided by Alexandre, forgetting her sadness for a moment. He danced with a natural grace, an elegance that seemed to come from another time. She found herself enjoying his presence, feeling safe in his arms, as if nothing else mattered.

As the minutes passed, the terrace seemed to fade away, leaving only the two of them under the starry sky, in a bubble of softness and serenity. For the first time in a long while, Élise felt her heart calm.

When they stopped, the music had changed, becoming faster and more lively. Alexandre led her to a secluded table, where two glasses of champagne awaited them.

"Tell me about yourself, Élise," he asked after taking a sip of his drink. "What brings you to the Côte d'Azur?"

Élise lowered her eyes, playing absentmindedly with the stem of her glass.

"I came here to forget," she finally confessed. "Paris has become too painful for me."

Alexandre didn't respond immediately, but she felt his gaze on her, attentive, understanding.

"And you, Alexandre?" she asked to change the subject. "What brings you here among this crowd of socialites?"

He gave a faint smile, but she sensed a shadow behind that smile.

"I am here for the same reason as you," he replied softly. "To forget."

Intrigued, Élise looked at him more closely. There was something in his voice, a hint of melancholy that resonated with hers.

"What are you trying to forget?" she asked with a touch of curiosity.

He seemed to hesitate, as if weighing the words he was about to say.

"A past life," he finally said. "A love that left me with deep scars."

Élise nodded, understanding without him needing to say more. They were two lost souls, seeking solace in the fleeting beauty of the Côte d'Azur, trying to find themselves in this whirlwind of luxury and superficiality.

The conversation continued in this gentle manner, each revealing a little more of themselves as the night progressed. Élise learned that Alexandre was a writer, once famous for his novels that depicted high society with cruel but poetic precision. However, he had stopped writing after a personal tragedy, and since then, he had wandered from city to city, searching for the inspiration that had once driven him.

"Life is made of chapters," he said in a thoughtful voice. "But sometimes, we don't know how to turn the page."

Élise nodded, feeling the truth of his words. She too felt stuck in a chapter she couldn't finish, haunted by the memories of a past love that refused to fade.

As they talked, the night wore on, and the guests of the ball began to disperse, gradually leaving the villa to return to their hotels or yachts. The terrace emptied, and soon, it was just the two of them, alone in the flickering light of the lanterns.

Alexandre stood up and offered Élise his hand one last time.

"May I walk you home?" he asked gently.

She hesitated, not wanting the evening to end, but eventually accepted, placing her hand in his. They left the villa in silence, descending the steps that led to the beach. The sound of the waves was soothing, and the moonlight softly illuminated their path.

Once they reached the sand, they stopped and looked out at the sea in silence, each lost in their thoughts. Then, without a word, Alexandre turned to Élise and kissed her softly. This kiss was not passionate but filled with tenderness, like a promise of something more, something that could perhaps one day heal their wounds.

When they parted, Élise looked into his eyes, trying to understand what he was feeling. But Alexandre remained a mystery, a man marked by his past, but perhaps ready to consider a future.

They continued to walk along the beach, hand in hand, without speaking. The silence between them was not uncomfortable but rather soothing, as if their souls were communicating without the need for words.

When they finally reached Élise's hotel, she turned to Alexandre, hesitant.

"What happens now?" she asked, dreading his response.

He smiled sadly, gently caressing her cheek.

"Now, we try to turn the page," he said softly. "Together, if you wish."

Élise felt her heart tighten, but also a glimmer of hope grow within her. Perhaps, despite their painful pasts, there was still a chance for them to find some form of happiness, even if it was just a simple comfort in each other's company.

She nodded, a shy smile on her lips.

"Together," she murmured.

They exchanged one last look, then Alexandre kissed her once more, a longer, more promising kiss. Élise felt her sadness begin to fade, replaced by a sense of peace.

They finally parted, and Élise watched him walk away, disappearing into the night. She entered her hotel with a gentle smile on her lips, her heart a little lighter.

That night, she fell asleep with the image of Alexandre in her mind, and for the first time in a long while, she felt ready to face the next day, to begin a new chapter.

La Neige des Souvenirs

C'était un hiver particulièrement froid à Paris, l'un de ces hivers où la ville, habituellement vivante et vibrante, semblait figée dans le temps, enveloppée dans un manteau de neige épais et silencieux. Les flocons tombaient sans relâche, recouvrant les rues pavées, les toits des immeubles haussmanniens, et les arbres dénudés des parcs. Les passants se hâtaient, enfouis dans leurs manteaux, essayant d'échapper à la morsure du vent glacial qui soufflait le long des avenues désertées. Même la Seine, d'habitude fluide et implacable, semblait ralentir sous le poids de la glace.

Dans ce décor figé, une lumière douce émanait d'une petite librairie nichée dans une rue discrète du Marais. À l'intérieur, l'atmosphère était chaude et feutrée, protégée du monde extérieur par des vitrines embuées et des étagères remplies de livres anciens. Le parquet en bois craquait sous les pas des rares clients qui cherchaient un refuge contre le froid.

Au fond de la librairie, près de la cheminée où le feu crépitait doucement, une jeune femme feuilletait distraitement un livre. Camille, d'une trentaine d'années, avait des cheveux bruns qui tombaient en boucles légères sur ses épaules et des yeux d'un bleu profond, souvent voilés par une expression mélancolique. Elle venait ici presque tous les jours, trouvant dans cette librairie un lieu de réconfort, loin de l'agitation du monde extérieur.

Ce soir-là, elle était plus pensive que d'habitude. Le livre qu'elle tenait n'était qu'un prétexte pour s'occuper les mains, car son esprit était ailleurs, perdu dans des souvenirs lointains. Elle repensait à un autre hiver, des années auparavant, où elle avait connu un amour aussi intense que fugace, un amour qui avait laissé en elle une empreinte indélébile.

C'était à cette même époque de l'année, un soir de décembre. Elle se souvenait de la neige qui tombait doucement, couvrant Paris d'une blancheur immaculée, et de la chaleur d'un café où elle s'était réfugiée pour échapper au froid mordant. C'était là qu'elle l'avait rencontré, un homme qui semblait tout droit sorti d'un rêve. Julien, avec ses cheveux noirs et son regard profond, avait capté son attention dès l'instant où il était entré. Ils avaient échangé des regards, puis des sourires, et avant qu'elle ne le réalise, ils s'étaient mis à parler, comme si leurs âmes se connaissaient déjà.

Ils avaient passé des heures dans ce café, à parler de tout et de rien, mais surtout de leurs rêves, de leurs espoirs, de ce qu'ils voulaient pour l'avenir. Julien était un écrivain, encore inconnu, mais plein d'ambition. Il avait ce charme discret des hommes qui portent en eux une grande passion, mais qui la dissimulent derrière une façade de calme. Camille, quant à elle, était une artiste, peintre de paysages et de scènes urbaines, mais elle n'avait jamais montré ses œuvres à personne, par peur du jugement.

Ce soir-là, dans ce café, ils avaient ressenti une connexion immédiate, une sorte de reconnaissance mutuelle. Ils étaient restés ensemble jusqu'à la fermeture, et lorsque Camille avait dû partir, Julien l'avait raccompagnée jusqu'à chez elle, leurs pas en synchronie dans la neige fraîchement tombée. Ce soir-là marqua le début d'une histoire d'amour intense, mais brève.

Pendant quelques mois, ils vécurent dans une bulle d'insouciance, partageant des moments de bonheur simple, comme des promenades au bord de la Seine, des visites d'expositions d'art, ou des soirées passées à discuter de littérature et de philosophie dans des cafés parisiens. Julien lisait à voix haute des passages de ses romans préférés, tandis que Camille dessinait ses traits, capturant son expression concentrée, ses gestes élégants. Ils semblaient faits l'un pour l'autre, deux âmes artistiques qui s'enrichissaient mutuellement.

Mais malgré la passion qui les unissait, une ombre planait sur leur relation. Julien avait un esprit torturé, constamment hanté par le doute et l'incertitude. Il aspirait à devenir un grand écrivain, mais il était constamment frustré par ce qu'il considérait comme son incapacité à atteindre la perfection dans son art. Il passait des nuits entières à écrire et à réécrire, souvent déchirant des pages qu'il jugeait indignes de son ambition. Cette quête incessante d'excellence l'éloignait peu à peu de Camille, même s'il l'aimait profondément.

Camille, de son côté, sentait ce fossé se creuser entre eux, mais elle ne savait pas comment l'empêcher. Elle voyait Julien se perdre dans ses propres tourments, et malgré tout son amour, elle ne pouvait le ramener à la surface. Elle-même se sentait de plus en plus isolée, piégée dans un amour qui devenait plus douloureux qu'épanouissant.

L'hiver qui les avait réunis s'éloignait, laissant place à un printemps incertain. Un soir, alors qu'ils se promenaient le long des quais de Seine, Camille sentit que quelque chose avait changé en Julien. Il était distant, absent, comme s'il était déjà parti pour un lieu où elle ne pourrait pas le suivre.

« Julien, qu'est-ce qui ne va pas ? » demanda-t-elle finalement, sa voix tremblante d'inquiétude.

Il s'arrêta, regardant la Seine avec une expression qu'elle ne lui avait jamais vue auparavant.

« Camille, je dois partir, » dit-il d'une voix basse, presque brisée.

« Partir ? Où ça ? » demanda-t-elle, son cœur se serrant à l'idée de le perdre.

« Je ne sais pas exactement, » répondit-il en la regardant enfin dans les yeux. « Mais je dois m'éloigner, pour écrire, pour trouver ce que je cherche depuis toujours. »

Camille sentit les larmes monter, mais elle les retint. Elle savait au fond d'elle-même qu'il n'y avait rien qu'elle puisse dire ou faire pour le retenir.

« Et nous ? » murmura-t-elle, sa voix à peine audible.

Julien baissa les yeux, incapable de la regarder.

« Je t'aime, Camille, » dit-il finalement. « Mais je ne peux pas rester. Je dois suivre ce besoin intérieur, même si cela signifie te perdre. »

Ils restèrent silencieux un moment, la neige tombant doucement autour d'eux. Puis Julien l'embrassa une dernière fois, un baiser empreint de tristesse et de résignation. Ils se séparèrent ce soir-là, et Camille le regarda s'éloigner, disparaissant dans la brume hivernale. Elle savait qu'il ne reviendrait pas.

Depuis ce jour, Camille avait vécu avec ce souvenir, une blessure jamais complètement guérie. Elle n'avait plus jamais revu Julien, mais elle gardait précieusement les lettres qu'il lui avait envoyées au début de son départ, avant qu'elles ne cessent, abruptement. Il était parti pour l'Amérique, où il avait espéré trouver l'inspiration qui lui manquait en France, mais son rêve de succès littéraire ne s'était jamais réalisé. Ses lettres devinrent de plus en plus rares, puis cessèrent complètement. Camille avait appris, des années plus tard, par un ami commun, qu'il était décédé dans un accident de voiture sur une route isolée, quelque part dans l'ouest des États-Unis.

Ces souvenirs revenaient chaque hiver, lorsque la neige commençait à tomber. C'était comme si la ville elle-même portait le deuil de leur histoire, chaque flocon de neige rappelant la pureté et la fragilité de leur amour. Camille continuait à vivre, mais une part d'elle était restée figée dans cet hiver de leur rencontre, comme une photographie oubliée dans un vieil album.

Ce soir-là, dans la librairie, Camille referma le livre qu'elle feuilletait. Elle se leva et se dirigea vers la porte, enroulant son écharpe autour de son cou avant de sortir dans la nuit glaciale. La neige tombait encore, recouvrant les rues d'une épaisse couche blanche. Les lumières de Noël brillaient dans les vitrines, mais Camille ne les voyait pas. Elle marchait lentement, ses pensées tournées vers le passé, vers Julien.

Elle arriva au pont des Arts, où ils avaient souvent marché ensemble, regardant la Seine en contrebas. Le pont était presque désert, le froid ayant chassé les rares passants. Camille s'approcha du parapet, regardant l'eau noire et glacée. Elle sortit de sa poche une petite boîte en argent, usée par le temps. À l'intérieur se trouvaient les lettres de Julien, soigneusement pliées et légèrement jaunies par les années.

Elle ouvrit la boîte, en sortit une lettre et la déplia avec précaution. Elle reconnut immédiatement l'écriture de Julien, fine et élégante. Elle lut quelques lignes, des mots d'amour, des rêves partagés, des promesses jamais tenues. Chaque mot ravivait en elle une douleur sourde, mais aussi une douce mélancolie. C'était tout ce qui lui restait de lui, de leur amour.

Soudain, une rafale de vent balaya le pont, arrachant la lettre de ses mains. Camille la regarda s'envoler, tourbillonnant dans l'air froid avant de disparaître dans la Seine. Elle resta un moment immobile, puis sourit tristement. Peut-être était-il temps de laisser partir ces souvenirs, de les laisser se fondre dans l'hiver, comme Julien s'était fondu dans l'obscurité ce soir-là.

Camille jeta un dernier regard à la boîte, puis la referma doucement et la rangea dans sa poche. Elle savait que les souvenirs de Julien continueraient à vivre en elle, mais qu'elle devait maintenant avancer, créer de nouveaux souvenirs, peut-être même un nouvel amour.

Elle se détourna du pont et se mit en marche, ses pas résonnant faiblement sur la neige compactée. La nuit était calme, et malgré le froid,

Camille sentit une étrange chaleur l'envahir. Le passé était ce qu'il était, mais l'avenir était encore à écrire. Et même si la neige continuait à tomber, elle se sentait prête à affronter ce qui viendrait.

The Snow of Memories

It was a particularly cold winter in Paris, one of those winters when the city, usually lively and vibrant, seemed frozen in time, wrapped in a thick, silent blanket of snow. The flakes fell relentlessly, covering the cobbled streets, the rooftops of Haussmann buildings, and the bare trees of the parks. The few passersby hurried, buried in their coats, trying to escape the biting wind that blew along the deserted avenues. Even the Seine, usually fluid and relentless, seemed to slow down under the weight of ice.

In this frozen scene, a soft light emanated from a small bookstore tucked away on a discreet street in the Marais. Inside, the atmosphere was warm and cozy, protected from the outside world by foggy windows and shelves filled with old books. The wooden floor creaked under the steps of the few customers seeking refuge from the cold.

At the back of the bookstore, near the fireplace where a fire crackled softly, a young woman was idly flipping through a book. Camille, in her thirties, had brown hair that fell in light curls over her shoulders and deep blue eyes, often clouded by a melancholic expression. She came here almost every day, finding in this bookstore a place of comfort, far from the hustle and bustle of the outside world.

That evening, she was more pensive than usual. The book she held was merely a pretext to occupy her hands, for her mind was elsewhere, lost in distant memories. She was thinking of another winter, years before, when she had known a love as intense as it was fleeting, a love that had left an indelible mark on her.

It was during this same time of year, one December evening. She remembered the snow falling gently, covering Paris in an immaculate whiteness, and the warmth of a café where she had sought refuge from the biting cold. It was there that she had met him, a man who seemed straight out of a dream. Julien, with his dark hair and deep gaze, had captured her attention the moment he walked in. They had exchanged glances, then smiles, and before she realized it, they had started talking, as if their souls already knew each other.

They had spent hours in that café, talking about everything and nothing, but mostly about their dreams, their hopes, what they wanted for the future. Julien was a writer, still unknown, but full of ambition. He had that discreet charm of men who carry a great passion within them, but hide it behind a facade of calm. Camille, for her part, was an artist, a painter of landscapes and urban scenes, but she had never shown her work to anyone, out of fear of judgment.

That evening, in that café, they felt an immediate connection, a sort of mutual recognition. They stayed together until closing time, and when Camille had to leave, Julien walked her home, their steps in sync in the freshly fallen snow. That evening marked the beginning of an intense, but brief, love affair.

For a few months, they lived in a bubble of carefree happiness, sharing simple moments of joy, like walks along the Seine, visits to art exhibitions, or evenings spent discussing literature and philosophy in Parisian cafés. Julien would read aloud passages from his favorite novels, while Camille sketched his features, capturing his focused expression, his elegant gestures. They seemed made for each other, two artistic souls enriching each other.

But despite the passion that united them, a shadow hung over their relationship. Julien had a tortured spirit, constantly haunted by doubt and uncertainty. He aspired to become a great writer, but he was constantly frustrated by what he considered his inability to achieve perfection in his art. He would spend entire nights writing and rewriting, often tearing up pages he deemed unworthy of his ambition. This relentless pursuit of excellence gradually distanced him from Camille, even though he loved her deeply.

Camille, for her part, felt this gap widening between them, but she didn't know how to stop it. She saw Julien getting lost in his own torments, and despite all her love, she couldn't bring him back to the surface. She herself felt increasingly isolated, trapped in a love that was becoming more painful than fulfilling.

The winter that had brought them together was fading, giving way to an uncertain spring. One evening, as they walked along the Seine, Camille sensed that something had changed in Julien. He was distant, absent, as if he had already left for a place where she could not follow.

"Julien, what's wrong?" she finally asked, her voice trembling with concern.

He stopped, looking at the Seine with an expression she had never seen before.

"Camille, I have to leave," he said in a low, almost broken voice.

"Leave? Where to?" she asked, her heart tightening at the thought of losing him.

"I don't know exactly," he replied, finally looking into her eyes. "But I have to get away, to write, to find what I've always been searching for."

Camille felt tears welling up, but she held them back. She knew deep down that there was nothing she could say or do to keep him.

"And what about us?" she murmured, her voice barely audible.

Julien lowered his eyes, unable to look at her.

"I love you, Camille," he finally said. "But I can't stay. I have to follow this inner need, even if it means losing you."

They stood in silence for a moment, the snow falling gently around them. Then Julien kissed her one last time, a kiss filled with sadness and resignation. They parted that night, and Camille watched him walk away, disappearing into the winter mist. She knew he would not return.

Since that day, Camille had lived with that memory, a wound that had never fully healed. She had never seen Julien again, but she kept the letters he had sent her at the beginning of his departure, before they abruptly stopped. He had gone to America, where he hoped to find the inspiration he lacked in France, but his dream of literary success never materialized. His letters became increasingly rare, then stopped altogether. Camille learned, years later, from a mutual friend, that he had died in a car accident on a remote road somewhere in the western United States.

These memories returned every winter when the snow began to fall. It was as if the city itself was mourning their story, each snowflake recalling the purity and fragility of their love. Camille continued to live, but a part of her remained frozen in that winter of their meeting, like a forgotten photograph in an old album.

That evening, in the bookstore, Camille closed the book she was idly flipping through. She stood up and walked toward the door, wrapping her scarf around her neck before stepping out into the icy night. The snow was still falling, covering the streets in a thick white layer. Christmas lights shone in the shop windows, but Camille didn't see them. She walked slowly, her thoughts turned to the past, to Julien.

She arrived at the Pont des Arts, where they had often walked together, looking down at the Seine below. The bridge was almost deserted, the cold having driven away the few passersby. Camille approached the parapet, looking at the dark, icy water. She pulled out a small silver box from her pocket, worn by time. Inside were Julien's letters, carefully folded and slightly yellowed by the years.

She opened the box, took out a letter, and unfolded it carefully. She immediately recognized Julien's handwriting, fine and elegant. She read a few lines, words of love, shared dreams, promises never kept. Each word revived a dull pain in her, but also a sweet melancholy. It was all she had left of him, of their love.

Suddenly, a gust of wind swept across the bridge, snatching the letter from her hands. Camille watched it fly away, swirling in the cold air before disappearing into the Seine. She stood still for a moment, then smiled sadly. Perhaps it was time to let go of those memories, to let them melt into the winter, as Julien had melted into the darkness that night.

Camille took one last look at the box, then gently closed it and put it back in her pocket. She knew that Julien's memories would continue to live within her, but that she now had to move forward, create new memories, perhaps even a new love.

She turned away from the bridge and began to walk, her footsteps faintly echoing on the compacted snow. The night was quiet, and despite the cold, Camille felt a strange warmth wash over her. The past was what it was, but the future was yet to be written. And even though the snow continued to fall, she felt ready to face whatever would come.

Les Ombres d'Été

L'été de 1925 s'était abattu sur la Côte d'Azur avec une chaleur accablante, enveloppant la région dans une lumière dorée qui faisait scintiller la Méditerranée comme un océan de diamants. À Nice, les grandes villas surplombant la mer semblaient suspendues dans le temps, figées sous un ciel sans nuages. Les rues, bordées de palmiers, étaient désertes sous le soleil de plomb, sauf pour quelques rares promeneurs qui cherchaient refuge sous l'ombre des terrasses ou des arcades.

C'était une saison qui semblait conçue pour les rêves et les souvenirs, où l'air était si lourd qu'il en devenait palpable, une toile invisible sur laquelle chacun projetait ses désirs les plus profonds. C'était aussi une saison de fuite pour ceux qui cherchaient à échapper à la réalité, à se cacher derrière le mirage d'un été éternel.

C'est dans ce décor que se trouvait Isabelle Delacourt, une femme d'une trentaine d'années, aux cheveux blonds ondulant comme les vagues et aux yeux verts pénétrants. Elle était arrivée à Nice au début de l'été, laissant derrière elle Paris et son lot de souvenirs compliqués. Elle avait loué une villa isolée sur les hauteurs de la ville, espérant trouver ici la paix que la capitale lui refusait.

La villa, entourée d'un jardin luxuriant où poussaient des citronniers et des bougainvilliers éclatants, était un havre de tranquillité. De la terrasse, Isabelle pouvait voir la mer s'étendre à l'infini, une ligne bleue qui semblait promettre l'oubli. Elle passait ses journées à lire, à peindre des paysages marins, et à se promener seule le long des sentiers escarpés qui descendaient jusqu'à la plage.

Mais malgré la beauté du lieu, Isabelle se sentait prisonnière d'un malaise profond. Son cœur était alourdi par des souvenirs qu'elle aurait voulu laisser derrière elle, mais qui la suivaient comme des ombres insidieuses. Paris, avec son mélange de lumière et de ténèbres, avait laissé en elle des traces indélébiles, et elle ne parvenait pas à s'en détacher.

Un jour, alors qu'elle se promenait sur la Promenade des Anglais, elle croisa un homme qui semblait tout aussi décalé dans ce décor idyllique. Il se tenait debout, face à la mer, immobile, comme absorbé par un monde intérieur que personne d'autre ne pouvait voir. Il portait un costume léger, de lin beige, et un chapeau de paille incliné sur le front. Ses traits étaient marqués, mais il y avait dans son regard une intensité qui démentait sa posture détachée.

Isabelle s'arrêta à quelques mètres de lui, intriguée. Quelque chose dans la silhouette de cet homme, dans la façon dont il se tenait là, seul et silencieux, l'attirait irrésistiblement. Elle avait l'impression de reconnaître en lui une douleur semblable à la sienne, un mal-être qui trouvait un écho dans son propre cœur.

Comme si il avait senti son regard, l'homme tourna la tête vers elle. Leurs yeux se croisèrent, et un instant, le monde sembla se suspendre autour d'eux. Ce n'était pas une rencontre ordinaire; c'était comme s'ils se connaissaient déjà, comme si leurs âmes avaient voyagé ensemble avant même que leurs corps ne se rencontrent.

« Bonjour, » dit-il enfin, sa voix douce brisant le silence épais qui les entourait.

« Bonjour, » répondit-elle, un peu hésitante, mais incapable de détourner le regard.

Il s'avança vers elle, ses pas silencieux sur les pavés chauffés par le soleil. « Je m'appelle Lucien. »

« Isabelle, » dit-elle, presque en chuchotant.

Ils restèrent ainsi, à se regarder, pendant un moment qui sembla s'étirer à l'infini. Puis, comme si c'était la chose la plus naturelle au monde, ils commencèrent à marcher ensemble le long de la promenade, leurs pas se synchronisant comme s'ils avaient toujours été faits pour se rencontrer.

Lucien lui parla de lui, de sa vie à Paris, où il était écrivain. Il lui raconta comment il était venu sur la Côte d'Azur pour fuir les attentes étouffantes de la société parisienne, pour chercher l'inspiration dans la lumière du sud. Mais ce qu'il trouva ici, c'était un vide qu'il n'avait pas prévu, une solitude encore plus oppressante que celle qu'il avait connue dans la capitale.

Isabelle, à son tour, se confia à lui, lui racontant son mariage raté, sa quête désespérée de liberté, et ce besoin impérieux de trouver un sens à sa vie. Elle lui parla de son art, de ses toiles qu'elle peignait sans jamais les montrer à personne, comme si elles contenaient une part trop intime de son âme.

Ils se découvrirent ainsi, au fil des jours, comme deux âmes perdues qui s'étaient enfin trouvées. Chaque matin, ils se retrouvaient pour des promenades, des discussions interminables, ou simplement pour rester en silence, côte à côte, à contempler la mer. Il y avait entre eux une compréhension tacite, un respect mutuel pour les blessures et les secrets de l'autre.

Mais malgré cette connexion profonde, une ombre planait toujours sur leur relation. Lucien semblait hanté par quelque chose qu'il ne pouvait pas partager, une douleur qu'il gardait enfouie en lui, malgré la proximité qu'il avait avec Isabelle. Et elle, de son côté, ressentait un tiraillement constant entre l'envie de se laisser aller à cette nouvelle relation et la peur de souffrir à nouveau.

Un soir, alors qu'ils dînaient ensemble sur la terrasse de la villa, Lucien brisa enfin le silence qui pesait sur eux.

« Isabelle, » dit-il doucement, « il y a quelque chose que je dois te dire. »

Elle le regarda, sentant son cœur se serrer. « Qu'est-ce que c'est, Lucien ? »

Il détourna les yeux, fixant un point invisible au loin, comme s'il cherchait le courage de parler.

« Je suis malade, » avoua-t-il enfin, sa voix tremblant légèrement. « Je suis venu ici pour fuir plus que Paris, pour fuir la réalité de ce qui m'attend. »

Isabelle resta silencieuse, choquée par cette révélation. Elle avait toujours senti qu'il y avait quelque chose qu'il ne lui disait pas, mais elle n'avait jamais imaginé que ce serait cela.

« Quelle est cette maladie ? » demanda-t-elle, sa voix à peine un murmure.

« C'est mon cœur, » répondit-il, un sourire triste se dessinant sur ses lèvres. « Il est défaillant, et les médecins disent qu'il ne me reste peut-être plus beaucoup de temps. »

Elle ressentit une vague de douleur l'envahir, un mélange de tristesse et de peur. Elle avait cru trouver en Lucien une échappatoire à sa propre souffrance, mais elle découvrait qu'il était tout aussi vulnérable qu'elle.

« Pourquoi ne m'as-tu rien dit avant ? » demanda-t-elle finalement, ses yeux brillants de larmes.

« Parce que je ne voulais pas t'imposer cela, » répondit-il. « Je ne voulais pas que tu te sentes obligée de rester près de moi par pitié ou par devoir. Je voulais que tu restes parce que tu le voulais vraiment. »

Isabelle resta silencieuse, les mots se bousculant dans son esprit. Elle comprenait maintenant la distance qu'il avait maintenue entre eux, cette réserve qui avait toujours existé malgré leur proximité.

« Je suis désolé, Isabelle, » dit-il doucement. « Si je t'ai fait souffrir, ce n'était jamais mon intention. »

Elle secoua la tête, chassant les larmes qui menaçaient de couler. « Non, Lucien, tu ne m'as pas fait souffrir. Tu m'as offert quelque chose que je n'avais pas ressenti depuis longtemps : l'espoir. »

Ils restèrent là, à se regarder, tandis que la nuit tombait doucement autour d'eux. Il y avait entre eux un mélange de tristesse et de sérénité, comme s'ils avaient accepté l'inévitable, tout en trouvant une certaine paix dans le fait d'être ensemble, même pour un temps limité.

Les jours qui suivirent furent teintés d'une intensité nouvelle. Chaque moment passé ensemble semblait chargé de signification, chaque regard, chaque geste devenant un souvenir à chérir. Ils savaient que leur temps était compté, mais cela ne fit que renforcer la profondeur de leur connexion.

Un matin, alors qu'ils se promenaient sur la plage, Lucien s'arrêta brusquement, fixant l'horizon.

« Isabelle, » dit-il d'une voix calme mais déterminée, « je veux que tu te souviennes de moi, non pas comme un homme malade, mais comme quelqu'un qui t'a aimée. »

Elle le regarda, ses yeux pleins d'une affection mêlée de tristesse. « Je me souviendrai de toi comme tu l'étais, Lucien, avec tout ce que tu es, tout ce que tu as été pour moi. »

Il lui sourit, un sourire rempli de gratitude, puis il prit sa main dans la sienne. Ils continuèrent à marcher, leurs pas se mêlant au rythme des vagues, comme pour graver cet instant dans l'éternité.

L'été s'écoulait, et avec lui, la vie de Lucien. Il s'affaiblissait jour après jour, mais il ne se plaignait jamais, gardant sa dignité et son calme face à l'inévitable. Isabelle restait à ses côtés, veillant sur lui avec une tendresse qui dépassait les mots.

Un soir, alors que le soleil se couchait dans une explosion de couleurs rougeoyantes, Lucien rendit son dernier souffle, assis sur la terrasse, sa main dans celle d'Isabelle. Il était parti en paix, entouré par la beauté de ce lieu qu'il avait appris à aimer, et par l'amour d'une femme qui, en quelques mois, avait redonné un sens à sa vie.

Isabelle resta là, immobile, ses yeux fixés sur l'horizon où le soleil disparaissait lentement. Elle ne pleura pas; elle se sentait vide, mais étrangement apaisée. Lucien n'était plus là, mais il vivait en elle, dans les souvenirs qu'ils avaient partagés, dans chaque rayon de soleil, chaque brise chaude de l'été.

L'été de 1925 se terminait, emportant avec lui les ombres qui avaient plané sur la Côte d'Azur. Isabelle savait qu'elle retournerait à Paris, que la vie continuerait, mais elle n'était plus la même. Elle avait appris à accepter la fragilité de la vie, la beauté éphémère des moments partagés, et l'importance de chérir chaque instant, même si c'était douloureux.

The Shadows of Summer

The summer of 1925 descended upon the French Riviera with a stifling heat, wrapping the region in a golden light that made the Mediterranean sparkle like a sea of diamonds. In Nice, the grand villas overlooking the sea seemed frozen in time, suspended under a cloudless sky. The streets, lined with palm trees, were deserted under the scorching sun, except for a few rare passersby seeking refuge under the shade of terraces or arcades.

It was a season that seemed designed for dreams and memories, where the air was so heavy it became palpable, an invisible canvas on which everyone projected their deepest desires. It was also a season of escape for those seeking to flee reality, to hide behind the mirage of an eternal summer.

In this setting was Isabelle Delacourt, a woman in her thirties, with blonde hair that waved like the sea and penetrating green eyes. She had arrived in Nice at the beginning of summer, leaving behind Paris and its complicated memories. She had rented an isolated villa on the hills overlooking the city, hoping to find here the peace that the capital denied her.

The villa, surrounded by a lush garden where lemon trees and vibrant bougainvillea grew, was a haven of tranquility. From the terrace, Isabelle could see the sea stretching out to infinity, a blue line that seemed to promise forgetfulness. She spent her days reading, painting seascapes, and walking alone along the steep paths that led down to the beach.

But despite the beauty of the place, Isabelle felt trapped by a deep unease. Her heart was weighed down by memories she wished she could leave behind, but that followed her like insidious shadows. Paris, with its mixture of light and darkness, had left indelible marks on her, and she could not escape them.

One day, as she was walking along the Promenade des Anglais, she crossed paths with a man who seemed just as out of place in this idyllic setting. He stood facing the sea, motionless, as if absorbed in an inner world that no one else could see. He wore a light suit of beige linen and a straw hat tilted over his forehead. His features were marked, but there was an intensity in his gaze that belied his detached posture.

Isabelle stopped a few meters from him, intrigued. Something about this man's silhouette, the way he stood there, alone and silent, irresistibly drew her in. She felt as though she recognized in him a pain similar to her own, a malaise that echoed in her own heart.

As if sensing her gaze, the man turned his head toward her. Their eyes met, and for a moment, the world seemed to pause around them. It was not an ordinary encounter; it was as if they already knew each other, as if their souls had traveled together before their bodies ever met.

"Hello," he finally said, his soft voice breaking the thick silence that surrounded them.

"Hello," she replied, a little hesitantly, but unable to look away.

He stepped toward her, his footsteps silent on the sun-heated pavement. "My name is Lucien."

"Isabelle," she said, almost whispering.

They stood there, looking at each other, for a moment that seemed to stretch into eternity. Then, as if it were the most natural thing in the world, they began to walk together along the promenade, their steps synchronizing as if they had always been meant to meet.

Lucien spoke to her about himself, about his life in Paris, where he was a writer. He told her how he had come to the French Riviera to escape the stifling expectations of Parisian society, to seek inspiration in the southern light. But what he found here was a void he hadn't anticipated, a loneliness even more oppressive than the one he had known in the capital.

Isabelle, in turn, confided in him, telling him about her failed marriage, her desperate quest for freedom, and her urgent need to find meaning in her life. She spoke of her art, the canvases she painted but never showed to anyone, as if they contained a part of her soul too intimate to share.

They discovered each other, day by day, like two lost souls who had finally found each other. Every morning, they would meet for walks, endless conversations, or simply to sit in silence, side by side, gazing at the sea. There was a tacit understanding between them, a mutual respect for each other's wounds and secrets.

But despite this deep connection, a shadow hung over their relationship. Lucien seemed haunted by something he couldn't share, a pain he kept buried within him, despite the closeness he had with Isabelle. And she, on her part, felt a constant pull between the desire to let herself go in this new relationship and the fear of suffering again.

One evening, while they were having dinner together on the villa's terrace, Lucien finally broke the silence that had been weighing on them.

"Isabelle," he said softly, "there's something I need to tell you."

She looked at him, feeling her heart tighten. "What is it, Lucien?"

He averted his eyes, staring at a distant point as if searching for the courage to speak.

"I'm ill," he finally admitted, his voice trembling slightly. "I came here to escape more than just Paris, to escape the reality of what lies ahead."

Isabelle remained silent, shocked by this revelation. She had always sensed that there was something he wasn't telling her, but she had never imagined it would be this.

"What illness?" she asked, her voice barely a whisper.

"It's my heart," he replied, a sad smile forming on his lips. "It's failing, and the doctors say I may not have much time left."

She felt a wave of pain wash over her, a mixture of sadness and fear. She had thought she had found in Lucien an escape from her own suffering, but she was discovering that he was just as vulnerable as she was.

"Why didn't you tell me earlier?" she finally asked, her eyes shining with tears.

"Because I didn't want to burden you with it," he replied. "I didn't want you to feel obliged to stay by my side out of pity or duty. I wanted you to stay because you really wanted to."

Isabelle remained silent, the words tumbling through her mind. She now understood the distance he had maintained between them, that reserve that had always existed despite their closeness.

"I'm sorry, Isabelle," he said softly. "If I've hurt you, it was never my intention."

She shook her head, brushing away the tears that threatened to fall. "No, Lucien, you didn't hurt me. You gave me something I hadn't felt in a long time: hope."

They remained there, looking at each other, as the night gently fell around them. There was a mix of sadness and serenity between them, as if they had accepted the inevitable while finding a certain peace in being together, even for a limited time.

The days that followed were tinged with a new intensity. Every moment spent together seemed charged with meaning, every look, every gesture becoming a memory to cherish. They knew their time was limited, but this only deepened their connection.

One morning, as they were walking on the beach, Lucien suddenly stopped, gazing at the horizon.

"Isabelle," he said in a calm but determined voice, "I want you to remember me, not as a sick man, but as someone who loved you."

She looked at him, her eyes full of affection mixed with sadness. "I will remember you as you were, Lucien, with everything you are, everything you have been for me."

He smiled at her, a smile full of gratitude, then took her hand in his. They continued walking, their steps blending with the rhythm of the waves, as if to etch this moment into eternity.

The summer passed, and with it, Lucien's life. He grew weaker day by day, but he never complained, maintaining his dignity and calm in the face of the inevitable. Isabelle stayed by his side, caring for him with a tenderness beyond words.

One evening, as the sun set in an explosion of fiery colors, Lucien took his last breath, sitting on the terrace, his hand in Isabelle's. He passed away peacefully, surrounded by the beauty of the place he had come to love and the love of a woman who, in a few short months, had given his life meaning again.

Isabelle remained there, motionless, her eyes fixed on the horizon where the sun slowly disappeared. She did not cry; she felt empty but strangely at peace. Lucien was no longer there, but he lived on in her, in the memories they had shared, in every ray of sunshine, every warm breeze of summer.

The summer of 1925 was ending, taking with it the shadows that had loomed over the French Riviera. Isabelle knew she would return to Paris, that life would go on, but she was no longer the same. She had learned to accept the fragility of life, the fleeting beauty of shared moments, and the importance of cherishing every moment, even if it was painful.

L'Automne des Illusions

L'automne 1928 s'était installé à Paris avec une douceur trompeuse. Les feuilles, parées d'or et de carmin, flottaient doucement vers le sol, créant un tapis de couleurs chatoyantes le long des boulevards. Les Parisiens, engoncés dans leurs manteaux, déambulaient sous un ciel gris, tandis que les cafés, leurs terrasses encore ouvertes, servaient des tasses fumantes aux artistes, écrivains et rêveurs.

C'était une saison de transition, où l'été semblait réticent à céder sa place, mais où l'hiver commençait à faire sentir sa présence, non pas par le froid, mais par une mélancolie diffuse qui se glissait dans l'âme. C'était aussi une saison de faux-semblants, où les apparences étaient plus trompeuses que jamais, où les sourires cachant les chagrins se multipliaient comme des ombres dans la lumière déclinante.

Dans ce décor se trouvait Adrien Dubois, un jeune homme d'une trentaine d'années, dont la silhouette élancée et l'élégance discrète ne passaient pas inaperçues. Il était architecte, reconnu pour son talent à marier modernité et tradition dans ses créations. Mais derrière cette façade de succès, Adrien était hanté par un sentiment d'inachèvement, une impression que sa vie lui échappait, comme l'eau entre les doigts.

Adrien avait grandi dans une famille bourgeoise de la rive droite, où les attentes étaient élevées et les échecs intolérables. Ses parents, distants et exigeants, avaient modelé son existence autour de l'ambition et de la réussite. Mais à mesure qu'il approchait de la trentaine, il ressentait de plus en plus le poids de ces attentes, et l'écho d'un désir plus profond, celui de se libérer des chaînes invisibles qui l'enserraient.

Un soir, alors que la lumière du crépuscule enveloppait la ville d'un voile doré, Adrien se promenait seul le long des quais de la Seine. Les bateaux-mouches glissaient lentement sur l'eau, leurs lumières se reflétant sur la surface sombre du fleuve. Il s'arrêta devant l'un des ponts, observant le courant qui semblait emporter avec lui tous les secrets de la ville.

C'est là qu'il la vit pour la première fois. Elle était assise sur un banc, vêtue d'un manteau en laine beige, les cheveux bruns en bataille autour de son visage pâle. Elle tenait un livre fermé sur ses genoux et regardait droit devant elle, comme si elle voyait au-delà du fleuve, au-delà des bâtiments et des passants, vers un horizon que lui seul ne pouvait deviner.

Il y avait quelque chose dans son expression, dans la manière dont elle se tenait, qui attira irrésistiblement Adrien. Sans vraiment savoir pourquoi, il se dirigea vers elle, ses pas résonnant sur les pavés humides. Lorsqu'il arriva à sa hauteur, elle leva les yeux vers lui, et il fut frappé par l'intensité de son regard, un mélange de tristesse et de défiance qui le déstabilisa.

« Bonsoir, » dit-il, un peu hésitant, ne sachant pas comment engager la conversation.

« Bonsoir, » répondit-elle, sa voix douce mais teintée d'une certaine réserve.

Un silence s'installa entre eux, lourd de non-dits. Adrien sentait qu'il devait dire quelque chose, mais les mots lui échappaient. C'était comme si cette femme avait le pouvoir de le désarmer, de le réduire à l'état de simple spectateur de sa propre vie.

« Vous aimez Paris en automne ? » finit-il par demander, conscient de la banalité de sa question.

Elle haussa légèrement les épaules. « L'automne, c'est la saison des illusions, n'est-ce pas ? Tout semble encore vivant, mais tout est en train de mourir. »

Cette réponse, empreinte de mélancolie, résonna profondément en Adrien. Il avait toujours perçu l'automne comme une saison de beauté, mais il réalisa à cet instant que cette beauté était trompeuse, un dernier éclat avant la chute inévitable.

« Vous avez raison, » murmura-t-il. « Mais c'est peut-être pour ça que c'est si fascinant. »

Elle le regarda, un léger sourire apparaissant sur ses lèvres. « Fascinant, oui. Mais cruel aussi. »

Adrien hocha la tête, incapable de répondre. Il ressentait un étrange mélange de curiosité et de malaise en présence de cette femme. Il y avait en elle une profondeur, une complexité qu'il ne parvenait pas à saisir, mais qui l'attirait irrésistiblement.

« Je m'appelle Adrien, » dit-il finalement, tendant la main.

Elle hésita un instant, puis prit sa main dans la sienne. « Claire. »

Le contact de sa main, froide et délicate, fit frissonner Adrien. C'était comme si ce simple geste établissait un lien entre eux, un lien fragile mais puissant, fait de ce qui n'était pas dit, de ce qui restait enfoui sous la surface.

Ils se mirent à marcher ensemble le long du quai, les mots venant plus facilement à mesure qu'ils avançaient. Claire lui parla de sa passion pour la littérature, des romans qu'elle lisait pour échapper à la réalité. Elle lui parla aussi de sa vie, de ses parents morts dans un accident quelques années plus tôt, et de la solitude qui avait envahi son existence depuis.

Adrien, de son côté, se confia également, lui racontant ses doutes, ses frustrations, et ce sentiment d'être pris au piège dans une vie qui n'était pas vraiment la sienne. Il lui parla de ses projets, de ses rêves d'architecte, mais aussi de ses désillusions face à un monde qui ne lui laissait que peu de place pour l'authenticité.

Au fil des jours, leur relation se développa, doucement mais sûrement. Ils se retrouvaient chaque soir, à la même heure, au même endroit, et marchaient ensemble le long des quais, partageant leurs pensées, leurs espoirs et leurs peurs. Il y avait entre eux une alchimie subtile, une compréhension mutuelle qui ne nécessitait pas toujours de mots.

Pourtant, malgré la proximité qui grandissait, Adrien sentait que Claire lui échappait par moments. Elle avait des silences mystérieux, des absences soudaines, comme si elle disparaissait dans un monde intérieur auquel il n'avait pas accès. Il ne lui posait jamais de questions sur ces moments d'éloignement, respectant son besoin de solitude, mais cela l'inquiétait.

Un soir, alors qu'ils étaient assis ensemble sur un banc, face à la Seine, Adrien sentit le besoin de briser ce mur invisible entre eux.

« Claire, » commença-t-il, la voix hésitante, « il y a quelque chose que je veux te demander depuis un moment... »

Elle tourna son regard vers lui, ses yeux scrutant les siens avec une intensité qui le troubla. « Quoi donc, Adrien ? »

Il hésita un instant, cherchant les mots justes. « Pourquoi te sens-tu toujours si triste ? »

Elle baissa les yeux, un sourire triste flottant sur ses lèvres. « C'est une longue histoire, Adrien. Peut-être trop longue pour être racontée ici. »

« J'aimerais comprendre, » insista-t-il doucement. « Si tu veux bien m'en parler. »

Claire resta silencieuse un moment, le regard perdu dans l'eau sombre du fleuve. Puis elle prit une profonde inspiration et se tourna vers lui.

« Il y a des choses dans la vie que l'on ne peut pas changer, des blessures qui ne guérissent jamais vraiment. » Sa voix était calme, mais teintée d'une tristesse infinie. « Je me suis réfugiée à Paris pour fuir un passé douloureux, mais il semble que même ici, je ne peux pas échapper à ce qui me hante. »

Adrien écoutait en silence, sentant le poids de ses paroles. Il comprenait que Claire portait en elle un fardeau lourd, bien plus lourd que ce qu'il avait imaginé.

« Il y a cinq ans, » continua-t-elle, sa voix presque un murmure, « j'ai perdu quelqu'un de très cher. Un homme que j'aimais profondément. Il est mort subitement, sans que j'aie eu la chance de lui dire adieu. Depuis ce jour, je vis avec ce vide en moi, ce sentiment que tout ce qui compte m'a été arraché. »

Adrien sentit son cœur se serrer à l'écoute de cette confession. Il n'avait jamais imaginé que Claire portait une telle douleur en elle.

« Je suis désolé, » dit-il doucement, sentant la distance entre eux se réduire, même si elle paraissait infranchissable. « Je ne savais pas... »

« Personne ne sait, » répondit-elle en secouant la tête. « Je ne parle jamais de lui. C'est comme si parler de lui le faisait disparaître encore plus de ma vie. Mais il est toujours là, avec moi, dans chaque geste, chaque pensée. »

Adrien resta silencieux, ne sachant pas quoi dire. Il comprenait désormais pourquoi Claire était si réservée, si mystérieuse. Elle portait en elle un amour perdu, un deuil qui ne l'avait jamais quittée.

« Est-ce que tu penses pouvoir aimer à nouveau ? » demanda-t-il finalement, la voix teintée d'espoir et de peur.

Claire leva les yeux vers lui, un sourire triste illuminant brièvement son visage. « Je ne sais pas, Adrien. C'est difficile à dire. L'amour, pour moi, est à la fois une bénédiction et une malédiction. »

Elle marqua une pause, puis ajouta, presque à contre-cœur : « Mais avec toi, je commence à croire qu'il pourrait y avoir une chance, même infime, de retrouver un peu de cette lumière que j'ai perdue. »

Adrien sentit une vague d'émotion le submerger. C'était la première fois qu'elle lui ouvrait son cœur, qu'elle laissait entrevoir une possibilité, aussi fragile soit-elle.

Ils restèrent là, en silence, à contempler les lumières de Paris qui se reflétaient sur la Seine. L'air était frais, l'automne approchant inexorablement de sa fin, et Adrien réalisa qu'il tenait peut-être là une chance de changer sa vie, de trouver un amour authentique, malgré les ombres qui planaient sur leur relation.

Cependant, le destin avait d'autres plans. Quelques semaines plus tard, alors que les feuilles d'automne commençaient à joncher les rues de Paris, Claire disparut. Adrien se rendit comme chaque soir sur le quai où ils avaient l'habitude de se retrouver, mais elle n'était pas là. Il attendit, espérant qu'elle finirait par arriver, mais en vain. Les jours passèrent, et elle ne réapparut jamais.

Il chercha des réponses, retournant dans tous les lieux qu'ils avaient fréquentés ensemble, interrogeant les rares personnes qui la connaissaient, mais personne ne put lui dire où elle était partie. C'était comme si Claire s'était évaporée dans l'air froid de l'automne, laissant derrière elle seulement le souvenir d'une histoire inachevée.

Adrien continua de vivre à Paris, mais l'ombre de Claire le hantait. Il se jetait dans son travail, essayant de noyer son chagrin dans les projets architecturaux, mais il ne pouvait s'empêcher de penser à elle, à ce qu'ils auraient pu vivre ensemble. L'automne cédait la place à l'hiver, et la ville, habituellement si vibrante, lui paraissait soudainement terne et sans vie.

Un soir, alors qu'il rentrait chez lui, il trouva une lettre glissée sous sa porte. Elle n'était pas signée, mais il n'avait aucun doute sur son expéditeur. Les mots, tracés d'une main tremblante, étaient ceux de Claire.

« Adrien,

Je ne pouvais pas rester. Je ne pouvais pas te laisser t'attacher davantage à moi. Ce que je porte en moi est trop lourd, trop sombre pour être partagé. Je t'ai dit que l'automne était la saison des illusions, et peut-être que notre rencontre en était une aussi. Je n'ai jamais voulu te faire souffrir, et c'est pourquoi je pars maintenant, avant qu'il ne soit trop tard.

Tu es une personne merveilleuse, Adrien, et tu mérites de trouver le bonheur, un bonheur que je ne peux pas te donner. N'oublie jamais que les illusions d'automne, aussi cruelles soient-elles, ne sont que des passages vers quelque chose de plus durable, de plus vrai.

Je te souhaite tout le meilleur.

Claire »

Adrien resta là, la lettre tremblante entre ses doigts, sentant les larmes qu'il avait retenues jusque-là couler enfin. L'automne des illusions s'achevait, emportant avec lui la promesse d'un amour qu'il n'avait jamais réellement possédé.

Il plia la lettre avec précaution et la rangea dans un tiroir, conscient que, même si Claire était partie, elle resterait à jamais gravée dans sa mémoire, comme une douce illusion d'automne qui, pour un bref moment, avait illuminé sa vie.

Autumn of Illusions

Autumn of 1928 settled into Paris with a deceptive gentleness. The leaves, adorned in gold and crimson, floated softly to the ground, creating a shimmering carpet of colors along the boulevards. Parisians, wrapped in their coats, strolled under a gray sky, while the cafés, their terraces still open, served steaming cups to artists, writers, and dreamers.

It was a season of transition, where summer seemed reluctant to give way, yet winter was already making its presence felt—not through cold but through a diffuse melancholy that crept into the soul. It was also a season of pretense, where appearances were more deceiving than ever, where smiles hiding sorrows multiplied like shadows in the fading light.

In this setting was Adrien Dubois, a young man in his thirties, whose slender figure and understated elegance did not go unnoticed. He was an architect, known for his talent in blending modernity with tradition in his creations. But behind this façade of success, Adrien was haunted by a sense of incompletion, a feeling that his life was slipping away from him, like water through his fingers.

Adrien had grown up in a bourgeois family on the right bank, where expectations were high and failures intolerable. His parents, distant and demanding, had shaped his existence around ambition and success. But as he approached his thirties, he increasingly felt the weight of these expectations and the echo of a deeper desire—a longing to break free from the invisible chains that bound him.

One evening, as twilight bathed the city in a golden glow, Adrien walked alone along the banks of the Seine. The bateaux-mouches glided slowly over the water, their lights reflecting on the dark surface of the river. He stopped in front of one of the bridges, watching the current that seemed to carry away all the city's secrets.

It was there that he saw her for the first time. She was sitting on a bench, wearing a beige wool coat, her brown hair tousled around her pale face. She held a closed book on her lap and gazed straight ahead as if she were seeing beyond the river, beyond the buildings and passersby, toward a horizon he could not guess.

There was something in her expression, in the way she sat there, that irresistibly drew Adrien in. Without really knowing why, he walked toward her, his footsteps echoing on the damp cobblestones. When he reached her, she looked up at him, and he was struck by the intensity of her gaze—a mixture of sadness and defiance that unsettled him.

"Good evening," he said hesitantly, unsure of how to start the conversation.

"Good evening," she replied, her voice soft but tinged with a certain reserve.

A silence settled between them, heavy with unspoken words. Adrien felt he should say something, but the words eluded him. It was as if this woman had the power to disarm him, to reduce him to a mere spectator of his own life.

"Do you like Paris in the autumn?" he finally asked, aware of the banality of his question.

She shrugged slightly. "Autumn is the season of illusions, isn't it? Everything seems alive, but everything is dying."

That response, tinged with melancholy, resonated deeply within Adrien. He had always seen autumn as a season of beauty, but at that moment, he realized that this beauty was deceptive—a final burst before the inevitable fall.

"You're right," he murmured. "But maybe that's why it's so fascinating."

She looked at him, a slight smile appearing on her lips. "Fascinating, yes. But cruel, too."

Adrien nodded, unable to respond. He felt a strange mix of curiosity and discomfort in her presence. There was a depth, a complexity in her that he couldn't grasp but which irresistibly attracted him.

"My name is Adrien," he finally said, extending his hand.

She hesitated for a moment, then took his hand in hers. "Claire."

The touch of her hand, cold and delicate, sent a shiver through Adrien. It was as if that simple gesture established a connection between them—a fragile but powerful link, made of what was left unsaid, of what remained buried beneath the surface.

They began to walk together along the quay, words coming more easily as they moved. Claire spoke to him about her passion for literature, about the novels she read to escape reality. She also spoke about her life, about her parents who had died in an accident a few years earlier, and about the loneliness that had filled her existence since then.

Adrien, in turn, confided in her, telling her about his doubts, his frustrations, and the feeling of being trapped in a life that wasn't really his own. He talked about his projects, his dreams as an architect, but also about his disillusionment with a world that left little room for authenticity.

As the days passed, their relationship developed, slowly but surely. They met each evening at the same time, in the same place, and walked together along the quays, sharing their thoughts, hopes, and fears. There was a subtle chemistry between them, a mutual understanding that did not always require words.

Yet despite the growing closeness, Adrien felt that Claire slipped away from him at times. She had mysterious silences, sudden absences, as if she disappeared into an inner world to which he had no access. He never questioned her about these moments of distance, respecting her need for solitude, but it worried him.

One evening, as they were sitting together on a bench facing the Seine, Adrien felt the need to break the invisible wall between them.

"Claire," he began hesitantly, "there's something I've wanted to ask you for a while..."

She turned her gaze to him, her eyes searching his with an intensity that unsettled him. "What is it, Adrien?"

He hesitated for a moment, searching for the right words. "Why do you always seem so sad?"

She lowered her eyes, a sad smile hovering on her lips. "It's a long story, Adrien. Maybe too long to tell here."

"I'd like to understand," he insisted gently. "If you're willing to talk to me about it."

Claire remained silent for a moment, her gaze lost in the dark water of the river. Then she took a deep breath and turned to him.

"There are things in life that can't be changed, wounds that never really heal." Her voice was calm, but tinged with infinite sadness. "I sought refuge in Paris to escape a painful past, but it seems that even here, I can't escape what haunts me."

Adrien listened in silence, feeling the weight of her words. He understood that Claire carried a heavy burden, far heavier than he had imagined.

"Five years ago," she continued, her voice barely a whisper, "I lost someone very dear. A man I loved deeply. He died suddenly, without giving me the chance to say goodbye. Since that day, I've lived with this void inside me, this feeling that everything that mattered was taken from me."

Adrien felt his heart tighten as he listened to this confession. He had never imagined that Claire carried such pain within her.

"I'm sorry," he said softly, feeling the distance between them shrink, even though it seemed insurmountable. "I didn't know..."

"Nobody knows," she replied, shaking her head. "I never talk about him. It's as if speaking about him would make him disappear even more from my life. But he's always there with me in every gesture, every thought."

Adrien remained silent, unsure of what to say. He now understood why Claire was so reserved, so mysterious. She carried within her a lost love, a grief that had never left her.

"Do you think you could ever love again?" he finally asked, his voice tinged with hope and fear.

Claire looked up at him, a sad smile briefly lighting up her face. "I don't know, Adrien. It's hard to say. Love, for me, is both a blessing and a curse."

She paused, then added, almost reluctantly, "But with you, I'm beginning to believe that there might be a chance, however slight, to regain some of that light I've lost."

Adrien felt a wave of emotion wash over him. It was the first time she had opened her heart to him, that she had let him glimpse a possibility, however fragile.

They remained there in silence, gazing at the lights of Paris reflected on the Seine. The air was cool, autumn inexorably nearing its end, and Adrien realized that he might have a chance to change his life, to find a genuine love, despite the shadows hovering over their relationship.

However, fate had other plans. A few weeks later, as the autumn leaves began to litter the streets of Paris, Claire disappeared. Adrien went to the quay where they usually met, but she wasn't there. He waited, hoping she would eventually arrive, but in vain. The days passed, and she never reappeared.

He searched for answers, returning to all the places they had frequented together, questioning the few people who knew her, but no one could tell him where she had gone. It was as if Claire had evaporated into the cold autumn air, leaving behind only the memory of an unfinished story.

Adrien continued living in Paris, but Claire's shadow haunted him. He threw himself into his work, trying to drown his sorrow in architectural projects, but he couldn't help thinking of her, of what they might have lived together. Autumn gave way to winter, and the city, usually so vibrant, suddenly seemed dull and lifeless to him.

One evening, as he was returning home, he found a letter slipped under his door. It wasn't signed, but he had no doubt about who had sent it. The words, traced with a trembling hand, were Claire's.

"Adrien,

I couldn't stay. I couldn't let you get more attached to me. What I carry within me is too heavy, too dark to share. I told you that autumn was the season of illusions, and perhaps our meeting was one too. I never wanted to hurt you, which is why I'm leaving now, before it's too late.

You're a wonderful person, Adrien, and you deserve to find happiness—a happiness I can't give you. Never forget that the illusions of autumn, however cruel they may be, are just passages to something more lasting, more real.

I wish you all the best.

Claire"

Adrien stood there, the letter trembling in his fingers, feeling the tears he had held back finally flow. The autumn of illusions was ending, taking with it the promise of a love he had never truly possessed.

He carefully folded the letter and placed it in a drawer, knowing that even though Claire was gone, she would remain forever etched in his memory, like a sweet autumn illusion that had briefly illuminated his life.

www.ingramcontent.com/pod-product-compliance
Lightning Source LLC
Chambersburg PA
CBHW061353140726
47997CB00003B/1191